P. LAPEYRE

# LES

# VÉRITÉS MÂLES

**PRÉFACE DE LA DEUXIÈME ÉDITION**

CHEZ L'AUTEUR

A GOUTARENDE, par Cuxac-Cabardès (AUDE)

—

1895

# PRÉFACE

## DE LA DEUXIÈME ÉDITION

---

Ce volume a été l'objet de bien des critiques, ce à quoi je m'attendais un peu. Toute œuvre humaine est imparfaite, et les questions que je soulevais sont de celles qui ont le don d'agacer une partie de l'humanité.

Quand on a été journaliste et qu'on est auteur, on doit être cuirassé contre le désagrément de rencontrer des gens qui ne sont pas de notre avis. Mais certaines de ces critiques ne pouvaient manquer de m'émouvoir : ce sont celles qui révoquaient en doute mon orthodoxie. Je ne cache pas que j'en ai été fort affligé. N'ayant eu pour but que de servir l'Église et de mettre en lumière la doctrine du Christ dont elle est la dépositaire, il m'était pénible d'être représenté comme ayant méconnu ses enseignements et sa loi. Résolu à redresser toute erreur que j'aurais commise, j'ai accueilli les observations qui m'étaient faites et j'en ai provoqué de nouvelles de la part

c

de gens qui m'étaient signalés comme docteurs en Israël.

J'ai constaté que la plupart de ces critiques reposaient sur des malentendus. Ma pensée n'a pas été saisie, quelquefois par ma faute, d'autres fois par la faute des temps. L'édifice des connaissances humaines, ai-je déjà remarqué, ne paraît à reprendre à la base, tant les erreurs qui soufflent autour de nous depuis plusieurs siècles en ont ébranlé les fondements. L'impression que la lecture de mon livre a faite sur certaines personnes m'a pleinement confirmé dans cette opinion.

D'abord on m'a dit : Votre livre serait excellent si vous n'aviez pas eu la funeste idée de faire de la théologie; pourquoi faut-il que vous ayez voulu faire de la théologie? A cela je réponds : parce que la question sociale est essentiellement et dans son fonds une question théologique, attendu que le Christ seul en possède la solution, et qu'elle n'a été résolue à certaines époques, ainsi que le prouve l'histoire, que par l'action du christianisme. Si la connaissance et l'explication de la doctrine et du plan social de Jésus-Christ sont du ressort de la théologie, faut-il bien faire de la théologie si l'on veut exposer la solution de la question sociale! Cela étant, comment se fait-il que, depuis plus d'un siècle que la question sociale s'agite fièvreusement, les théologiens ne nous aient pas présenté cette solution dans un traité complet, avec cette force et cette clarté qui créent l'évidence et entraînent la conviction?

Cela tient sans doute à ce que la question sociale, essentiellement théologique dans son fonds, implique la connaissance de plusieurs autres sciences, telles que la philosophie et l'économie politique; mais il faut dire aussi que les vérités théologiques elles-mêmes ont été diminuées. On a précieusement conservé leurs formules, mais l'esprit qui doit animer ces formules s'est un peu obnubilé. Les formules dont se sert la théologie moderne ne remontent guère elles-mêmes à plus de trois siècles. Elles ne sont pas les mêmes que celles du moyen âge et notamment de saint Thomas. Les formules modernes ont été créées à l'époque du protestantisme, par suite de la séparation de la philosophie et de la théologie, erreur funeste dont on n'est pas encore bien franchement revenu. On ne voit plus aussi bien le sens et la portée, les tenants et les aboutissants des grandes vérités théologiques. Une même question est théologique lorsqu'il s'agit de faire de la théorie, et elle ne l'est plus dès qu'on veut fuir les responsabilités.

Quand on me dit : Nous vous serions fort reconnaissants de nous exposer un plan ingénieux de restauration sociale sans faire de la théologie, c'est comme si l'on me disait : Veuillez nous exposer les propriétés des triangles sans faire de la géométrie. Et lorsque ce sont des théologiens qui me tiennent ce langage, j'en demeure stupéfait, et cela me fait faire de profondes réflexions sur la dégénérescence intellectuelle dont notre triste époque donne les signes.

Une preuve très frappante de l'obnubilation des grandes vérités théologiques, c'est l'étonnement produit par l'encyclique *sur la condition des ouvriers*, même dans le monde ecclésiastique. Les hommes qui soutenaient auparavant les vérités consacrées dans ce document, étaient

taxés d'utopistes et de téméraires par le petit nombre de
ceux qui les lisaient. Le plus grand nombre des docteurs
catholiques ne s'occupaient même pas de ces questions,
les estimant oiseuses et étrangères à la religion. La surprise causée par l'encyclique *Rerum novarum* n'a eu d'é-
gale que celle que produisit le *Syllabus*, ce dont nous
possédons des aveux remarquables émanés d'ecclésiastiques éminents. Or la parole de Léon XIII autant que celle
de Pie IX, semblent maintenant oubliées l'une et l'autre,
parce que la faiblesse des études théologiques modernes
n'a pas permis d'en saisir le sens général. Pour moi, lorsque parut l'encyclique *sur la condition des ouvriers*, j'é-
tais tellement familiarisé avec ces idées qu'il me semblait
lire mes propres pensées en lisant le texte pontifical.
J'en étais redevable à mes préoccupations journalières
jointes à mes précédentes études philosophiques.

Ceci m'amène à répondre à une autre observation qui
m'a été faite. Il est insupportable, m'a-t-on dit, de vous
entendre invoquer sans cesse la métaphysique pour
justifier vos opinions théologiques, comme si l'unique
source des interprétations théologiques n'était pas dans
la tradition. — Certes, j'ai pour la tradition tout le res-
pect qu'elle mérite. Je l'ai prouvé par le soin avec lequel
j'ai cité fréquemment les grands théologiens, les Pères de
l'Église et les textes sacrés. Mais la tradition n'est pas le
traditionalisme et ne doit pas être confondue avec la rou-
tine, ni avec la pétrification de l'intelligence, ni même
avec une froide et sèche compilation. Les dogmes sont
immuables, parce qu'ils sont éternels; mais c'est par le
travail et l'intelligence que l'on pénètre dans leur com-

préhension. Selon qu'un peuple ou une génération se livrent plus ou moins à ce travail et y appliquent plus ou moins leur esprit, les dogmes s'éclaircissent ou s'obnubilent. Or, de toutes les sciences, la métaphysique est celle qui développe l'intelligence de la manière la plus rapide, la plus énergique et la plus complète. Une génération qui abandonne la métaphysique, ou qui la cultive mal, ne peut pas faire de bonne théologie. L'histoire de l'Église est là pour en témoigner.

Les grands siècles théologiques sont ceux qui nous ont donné les meilleurs métaphysiciens. La raison en est exposée dès la première page des traités de théologie : « Celui, y est-il dit, qui, en théologie, voudrait se passer de tout usage de la raison annulerait la théologie elle-même. » La connaissance de la théologie dépend donc en partie de la perfection de la raison. C'était l'opinion de saint Anselme quand il définissait la théologie : *la foi recherchant l'intelligence,* et la philosophie : *l'intelligence recherchant la foi.*

Ce que nous disons là est encore démontré par la contre-épreuve. Les siècles de décadence religieuse ont été des siècles dépourvus de métaphysique. Au siècle dernier, alors que des vertus dégénérées n'étaient plus soutenues par une foi devenue languissante, Voltaire pouvait, aux applaudissements de tous, donner cette définition de la métaphysique : « Quand deux hommes qui parlent ne s'entendent pas, quand celui qui les écoute ne les comprend pas, cela s'appelle faire de la métaphysique. » De nos jours, la métaphysique n'a guère été relevée de ses ruines, même par les ecclésiastiques ; et voilà pourquoi notre siècle a vu les enseignements pontificaux si mal compris, et tant d'erreurs, nées de toutes parts, si faiblement réfutées par les gardiens de la foi.

La conservation des textes sacrés n'est pas une garantie suffisante contre la diminution de la foi. On démontre en philosophie que celui qui lit un livre lit sa propre pensée et non pas celle de l'auteur. Les mots ont pour chacun de nous des significations différentes, selon l'instruction que nous avons reçue, le point de vue qui nous est familier, les vicissitudes que nous avons traversées et le milieu dans lequel nous avons vécu. En sorte que deux personnes qui lisent les mêmes textes peuvent y attacher des sens fort divers. Le meilleur moyen de ramener ces divergences à l'unité, c'est de rapprocher toutes ces notions des vérités premières qui nous sont communes à tous et que l'on appelle axiomes ou principes. On dit bien de nos jours qu'il faut en revenir aux principes, qu'il faut être des hommes de principes; un vague instinct nous avertit que le manque de principes nous perd en toutes choses, mais on n'y revient guère, parce qu'on ne sait pas ce que c'est qu'un principe, et on l'ignore parce qu'on ne veut pas cultiver la métaphysique.

La métaphysique est la science des principes, des vérités premières, des vérités qui renferment toutes les autres; c'est elle qui ouvre les sources de l'esprit humain, qui lui donne une direction assurée et le fait pénétrer dans l'intelligence des dogmes dont il n'aurait aperçu sans elle qu'une incompréhensible surface. Il ne suffit donc pas de dire : saint Thomas dit ceci; saint Augustin affirme cela; tel concile proclame telle chose : il faut s'assurer que l'on entend bien ces textes, en les rapprochant des principes qui sont en quelque sorte les étalons des vérités.

Faute de ces étalons, la compréhension des mêmes textes varie, non seulement d'un homme à un autre, mais plus encore d'un siècle à un autre. Il y a toujours une légère différence entre l'idée exprimée par celui qui parle et l'idée reçue par celui qui écoute. Celui-ci, à son tour, transmettant la même idée, l'exprime un peu différemment. On ne s'aperçoit pas de la différence parce qu'elle est insignifiante; mais insensiblement, au bout de plusieurs transmissions, elle devient importante, et il en résulte que chaque siècle imprime un cachet particulier à des dogmes en apparence identiques. C'est ce qu'exprimait le Psalmiste en disant que les vérités avaient été diminuées. Le corps extérieur des vérités est le même, mais leur âme languit ou se fortifie avec l'intelligence et l'âme de ceux qui les proclament et les mettent en pratique. Et voilà pourquoi, malgré l'indéfectibilité de l'Église qui conserve le même dépôt de la foi, il se produit de temps en temps comme des éclipses dans les intelligences et des défaillances dans les vertus.

Les désordres actuels des esprits et des mœurs n'ont pas d'autre explication. C'est ce que constatait déjà, il y a quarante ans, un des meilleurs philosophes chrétiens de ce siècle et un des rares métaphysiciens de ce temps, Blanc de Saint-Bonnet, dans un écrit intitulé : *De l'affaiblissement de la raison et de la décadence en Europe* (1) au-

(1) Un vol. in 8°, deuxième édition, Paris, Herve, 1854. Je me borne à

quel, faute d'espace, je ne puis que renvoyer le lecteur.

Suivant le même ordre d'idées, Auguste Nicolas, dans son livre *Du protestantisme et de toutes les hérésies dans leur rapport avec le socialisme*, démontrait que toutes les hérésies ont eu pour point de départ une fausse notion des rapports du fini avec l'infini, idée de génie magistralement développée. Or quelle est la science qui étudie et détermine les rapports du fini avec l'infini? C'est la métaphysique. Une bonne métaphysique coupe donc à leur racine toutes les hérésies et permet à un esprit attentif d'entendre dans son véritable sens la voix de la révélation.

Cela est si vrai que l'Église elle-même a toujours cultivé pour son utilité particulière les sciences profanes et la philosophie payenne, qu'elle n'a jamais dédaignées tout en les redressant. On sait de quel puissant secours Platon a été pour saint Augustin et Aristote pour saint Thomas. Dans sa reconnaisance, la théologie classique, s'appuyant sur l'Écriture, reconnaît que « sans la grâce de Dieu l'homme ne peut connaître les vérités profondes de l'ordre naturel. » Dieu qui a été appelé « le Dieu des sciences (1) » l'est plus particulièrement de la métaphysique, qui est dans ce monde la plus haute relation de l'intelligence humaine avec la divinité intelligible.

en citer quelques lignes : « Les principes sont tombés des intelligences; la vérité a perdu, en quelque sorte, la souche où elle se fixe en nous; l'esprit est maintenant déformé par l'erreur, il est devenu inutile à lui-même. Pour rétablir la société, il faut rétablir la conscience de l'homme..... Le dix-huitième siècle provient de l'affaiblissement de la raison..... Cette décadence de la raison moderne est la cause de la décadence de l'Europe......

(1) I Reg. II, 3.

La métaphysique ne peut être assimilée à l'imagination, à la sensibilité, à la mémoire, à la rhétorique et à tous autres modes intellectuels où l'homme opère presque seul. Mais il est bien plus vrai de dire que c'est dans l'imagination et les opérations humaines que tombent les théologiens qui croient interpréter sainement l'Écriture et la tradition elle-même par leurs propres lumières. Ils disent : voilà la tradition; et comment savent-ils que c'est la tradition si Dieu ne leur en révèle l'intelligence? Ils s'imaginent qu'il suffit de lire pour comprendre : ils se flattent beaucoup.

Une bonne philosophie a pour but de nous enseigner à lire. C'est par elle que nous apprenons à lire dans notre âme, dans l'idéal, dans le monde extérieur, trois livres écrits par Dieu, et enfin dans les Livres révélés écrits aussi par Dieu d'une autre manière (1).

Une chose devrait frapper l'esprit de mes contradicteurs; c'est que le mot *métaphysique* a absolument la même étymologie que le mot *surnaturel*. Le premier vient du grec, le second vient du latin, mais ils sont composés des mêmes éléments. Tous deux signifient *ce qui est au-dessus de la nature;* en effet, les vérités métaphysiques ne sont pas moins étrangères aux sens que les causes du surnaturel. La grande misère intellectuelle de ce temps vient de ce que nous avons perdu de vue ce fait, que les vérités premières nous viennent par une révélation divine

---

(1) Saint Augustin a dit : *Principium omnis boni intellectus cogitabundus,* « Le commencement de tout bien, c'est la réflexion. » Jérémie avait dit auparavant (XII,11) : « La terre a été plongée dans la désolation, parce qu'il n'est personne qui veuille réfléchir en lui-même. »

comme les vérités de la foi. Le mode de révélation diffère, mais la source en est divine dans un cas comme dans l'autre.

C'est ce qu'a rappelé Blanc de Saint-Bonnet à un siècle qui ne l'a pas assez écouté : « S'il est, dit-il, un point important chez les hommes, c'est de savoir avec Platon, avec les Pères, avec la métaphysique elle-même, que les idées du bien et du vrai absolu ne viennent ni du moi, ni de la nature, mais de Dieu, pour éclaircir tout à la fois, le moi et la nature; que, nécessaires, absolues, supérieures à l'homme et au monde, de toute éternité ces idées sont des manifestations mêmes de l'Être nécessaire et infini en qui elles ont leur raison d'être, leur réalité objective; que ces idées, enfin, bien que de l'ordre naturel, ne peuvent en soi ni se tromper, ni nous tromper, mais sont données pour nous placer dans la lumière, pour nous fixer dans la réalité..... Le pas est fait hors des fantômes, hors de ce monde; l'homme ne vit plus dans un rêve, il n'est plus le jouet de l'apparence; l'homme est dans l'Être, et vit des lois de l'Être, *in Ipso vivimus*, et il y est en vertu de Dieu... Dès lors la loi devient possible, c'est-à-dire légitime; elle ne repose plus sur le moi! le droit, il ne repose plus sur la force! le pouvoir, il n'est plus tiré de la foule! L'homme est véritablement libre : il obéit à Dieu! il est dans la réalité! Le sceptique ne peut nous contester le droit d'en prendre possession par l'axiome, par ce qui fait toute la connaissance; nous contester le droit de posséder le **vrai**, le droit de connaître le bien, le droit de procéder du juste. Dieu lui-même descend en nous pour nous donner une idée de lui-même, une idée du bien et du beau, de ses divines lois; et son Verbe, avant d'habiter parmi nous, répand déjà cette lumière qui éclaire toute âme venant en ce monde. Si l'homme veut être respecté au sein des sociétés civiles; s'il veut y conserver son Dieu, s'il veut y conserver ses droits, s'il veut y conserver les sciences et les arts, qu'il n'oublie jamais que les idées premières, que les idées de la raison lui arrivent de Dieu! »

Et il en donne l'explication suivante : « L'idée de l'infini, comme toutes les idées nécessaires, nous est donnée par la raison qui est une intervention de Dieu dans notre âme. Dieu vient à nous, parce que de nous-mêmes nous ne pouvons aller à lui. Et, faire jouer à un calcul, à une idée acquise ou contingente, le rôle d'une idée nécessaire, serait masquer cette fonction divine, en écarter les résultats immenses, dès lors ôter à la morale, aux droits, à la science, leur fondement éternel; ce serait mettre les principes au rang des conventions..... Le panthéisme aurait, à son tour, gain de cause si, à partir du fini, la pensée, d'elle-même et de sa propre force, pouvait monter vers l'Infini sans l'opération rationnelle, autrement dit sans l'Infini... La philosophie, la morale et le droit ne peuvent souffrir un nuage devant cette thèse première, quand l'arbitraire, les sens et nos habitudes vulgaires se concertent pour l'obscurcir. Tout ce qui porte la moindre atteinte à la raison, tout ce qui, même par l'apparence, même sans le vouloir, nous fait prendre le change sur sa fonction sublime, ébranle dans leur vrai fondement la vérité et la justice, et porte un coup mortel à l'homme et à la société (1). »

Un tel langage éclairera les uns, étonnera les autres. On sera surpris surtout du rapprochement de ces deux mots, l'infaillibilité et la raison, dans la fausse idée que l'on se fait de la raison que l'on croit à tort une chose de pure fabrication humaine. Et ce langage paraît d'autant plus étrange dans la bouche d'un homme qui a écrit, sur l'infaillibilité, un traité qui a été d'avance conforme de point en point aux décrets du concile du Vatican.

Je vais, à mon tour, essayer d'élucider brièvement ce sujet.

L'alpha et l'oméga de la philosophie consiste à constater la présence de Dieu dans l'âme humaine et à l'en distinguer. Il y est présent par son Verbe qui l'éclaire sous trois rapports : en lui montrant le vrai, en lui inspirant le bien, en lui révélant le beau. Cette lumière divine prend le nom de raison quand elle s'applique au vrai théorique, de conscience morale ou raison pratique quand elle a le bien pour objet, et d'inspiration ou de goût quand elle manifeste le beau.

La faculté par laquelle nous percevons la raison s'appelle l'entendement; en sorte que ce qui est faculté chez l'homme c'est l'entendement, et non pas la raison qui est extérieure et supérieure à l'homme, quoique immanente, et infaillible parce qu'elle est divine.

En ce qui concerne la révélation du bien nous n'avons qu'un mot pour exprimer à la fois la voix de

_____________

(1) Blanc de Saint-Bonnet, *Philosophie fondamentale*, LA RAISON, *précédé de* L'INFINI ET L'INFINITÉSIMAL.

Dieu et l'oreille de l'âme : c'est le mot *conscience morale*. Il y a là cependant deux choses bien distinctes : 1° la voix de Dieu qui nous dicte le devoir avec une autorité infaillible et 2° l'oreille de l'âme qui écoute cette voix dans des dispositions diverses. Il est déplorable que la pauvreté de notre langue nous prive des deux mots différents qui seraient nécessaires pour établir la distinction entre la voix divine et la faculté humaine. Nous n'avons à notre disposition que le mot *conscience* qui lui-même a deux significations bien différentes, suivant qu'il s'agit de la conscience morale ou de la conscience psychologique. Aussi, dès qu'on écrit le mot conscience, les *quiproquo* les plus étranges se produisent dans l'esprit des lecteurs, à la grande confusion de celui qui l'a écrit.

Ce malheur m'est arrivé. J'ai osé comparer le surnaturel à la conscience, et aussitôt bien des gens ont déclaré qu'il n'y avait pas assez de tonnerres pour me foudroyer comme je le méritais. Du fond de mon abjection, j'ose un peu relever la tête pour expliquer ma pensée qui, on va le voir, n'a rien d'hétérodoxe.

Dieu, avons-nous dit, est constamment présent à l'âme humaine. Il agit perpétuellement en elle par une action dont l'élasticité laisse à la volonté de l'homme toute la liberté dont elle a besoin pour mériter ou démériter. Cette action, qui est triple, est lumière par la raison, impulsion morale par la conscience, inspiration par l'enthousiasme ou le goût. Tel est le sens des mots si connus et si peu compris de saint Paul : *In Deo vivi-*

*mus, moremur et sumus* (1). Dieu est en nous et nous sommes en lui quoique absolument distincts de lui, mais nous collaborons avec lui. En sorte que nous ne pouvons apercevoir le vrai, réaliser le bien, et concevoir le beau qu'avec l'aide de Dieu. L'homme est parfait lorsque rien ne ternit la lumière divine qui l'éclaire, lorsque rien n'étouffe la voix divine qui lui intime le devoir, lorsque rien ne trouble l'inspiration divine qui lui révèle le beau, et qu'il obéit docilement à cette triple direction. C'est dans cette perfection que le premier homme a été créé, perfection évidemment surnaturelle puisque la nature ne nous la présente nulle part, ni dans l'histoire ni autour de nous.

Mais en vertu de son libre arbitre, l'homme avait la triste faculté de refuser d'obéir à la direction divine. Ce refus pouvait-il avoir pour conséquence de faire que l'homme ne soit plus *en Dieu* sous le triple rapport que nous venons d'énoncer? Non. L'homme, par sa désobéissance, peut mettre une barrière entre Dieu et lui. La lumière divine brille toujours dans la raison, mais l'homme mauvais met un nuage devant cette lumière; alors « la lumière luit dans les ténèbres (2) ». La voix de Dieu se fait toujours entendre au fond de la conscience, mais le bruit des passions peut couvrir cette voix. L'inspiration divine souffle toujours le beau dans l'âme; mais les sens et la matière peuvent résister à ce souffle ou le faire dévier.

En sorte que, par le fait du péché et de la déchéance

(1) Act., XVII, 28.
(2) Joann., I, 5.

qui en résulte, un changement énorme se produit dans les rapports de l'homme avec Dieu.

Quoique toujours en Dieu, l'homme déchu a les yeux presque fermés à sa lumière, la conscience presque entièrement sourde à sa voix, l'âme généralement rebelle à ses inspirations. Comme le dit saint Jean, la lumière luit alors dans les ténèbres et les ténèbres ne la comprennent pas. Mais cela n'anéantit en rien la lumière elle-même.

Pour me servir d'une comparaison, supposons qu'un homme soit, en plein midi, dans un appartement éclairé par une fenêtre. Le soleil qui luit apporte, à travers la fenêtre, la lumière nécessaire pour éclairer l'intérieur de l'appartement. Mais si l'homme qui est dans cet intérieur met un rideau devant la fenêtre ou pousse les volets, la lumière s'affaiblira ou disparaitra à l'intérieur de l'appartement, et l'homme sera plongé dans les ténèbres. Cela veut-il dire que le soleil ne luit plus au dehors? Nullement. Le soleil, en lui-même, n'a pas été altéré ni déplacé par le volet qui ferme la fenêtre.

Or, Dieu est le soleil de nos âmes. Rien ne l'altère ni ne le déplace. Mais nos fautes et celles du milieu social où nous vivons mettent entre lui et nous un voile plus ou moins épais.

Le Psalmiste avait déjà constaté cette présence dans nos âmes de la lumière divine : *Signatum est super nos lumen vultus tui, Domine* (1). « Vous avez fait luire sur

_______________

(1) Psalm. IV, 7.

nous, ô mon Dieu, la lumière de votre visage. » Et il ajoutait pour peindre le témoignage d'une bonne conscience : « Vous avez donné la joie à mon cœur. »

On voit que la perfection de l'homme consiste dans l'absence de tout obstacle placé entre lui et la lumière divine qui éclaire son entendement, sa conscience et son goût. C'est dans ces conditions de lucidité parfaite et surnaturelle que l'homme a été créé. Mais cette lucidité, pur don de Dieu dans le principe, demande, pour être conservée, la coopération de l'homme; là est la base de son devoir et le témoignage de sa bonne volonté. Dès que la volonté de l'homme cesse d'être bonne, dès qu'il se détourne de ses devoirs, des ténèbres se forment entre lui et la lumière divine, sa conscience devient sourde (*absurdus*), le sens du beau s'oblitère en lui. Ces ténèbres, cette surdité, engendrent à leur tour de nouvelles déviations. L'homme, ainsi enténébré, ne comprend plus la lumière. Il est amoindri dans toutes ses facultés. Son état, d'abord accidentel, devient chronique; voilà l'homme déchu.

Entre l'homme primitif, plongé sans nuages dans la lumière divine, et l'homme déchu marchant à tâtons dans les ténèbres, il y a une différence considérable. L'homme déchu n'est pas un homme complet : certains organes essentiels ne fonctionnent pas en lui. Il est moralement aveugle, sourd et infirme; et ces infirmités morales engendrent, de leur côté, des dépressions matérielles. La vie n'existe plus en lui dans sa plénitude, et ne peut atteindre son développement normal. Ne possédant plus les conditions de la vie, il devient progressi-

vement la proie de la mort, individuellement et socia-
lement.

Tel a été l'état de l'humanité, depuis le premier péché
d'Adam jusqu'à la venue de Jésus-Christ. A l'humanité
qui ne pouvait plus vivre parce qu'elle était enténébrée (1).
Jésus-Christ a rendu la vie par la diffusion d'une nouvelle lumière divine. Suivant le désir du Psalmiste, il a
donné à l'homme une raison nouvelle, une conscience
nouvelle, une esthétique nouvelle (2). Ce n'est pas qu'il
ait détruit cette lumière qui éclaire tout homme venant
en ce monde, ni imposé silence à cette voix qui parle à
toute conscience, ni éteint le feu qui embrasait l'âme des
poètes. Mais comme cette lumière luisait dans les ténèbres,
que cette voix criait dans le désert, et que la matière
dans laquelle l'homme s'était laissé choir avait émoussé
en lui le sens du beau, le Christ a créé une lumière nouvelle devant être ajoutée aux trop faibles rayons de la
lumière primitive; il a créé une voix destinée à réveiller
les échos d'une conscience entumultuée par le bruit des
passions; il a créé un feu nouveau destiné à embraser la
terre d'un idéal inconnu jusqu'à lui.

Grâce à ces nouveaux dons, l'homme a pu y voir
clair, comme si des ténèbres ne s'étaient pas interposées
entre lui et la lumière divine; il a pu entendre le langage
du devoir, comme si sa conscience était toujours l'écho
fidèle de la voix de Dieu; il a pu connaître des enthou-
siasmes aussi sublimes que s'il n'avait jamais perdu de
vue l'idéal du plan primitif de la Création. Aussi Jésus-

(1) Vita erat lux hominum (Joann., I, 43.)
(2) Ps. L, 12.

d

Christ a-t-il été appelé le nouvel Adam, parce qu'il nous a donné les moyens de regagner tout le terrain que le premier nous avait fait perdre. Grâce à lui, nous pouvons tendre et arriver à la perfection primitive.

Tout ce que Jésus-Christ a fait, et tout ce qu'il nous a donné pour nous rétablir dans la perfection est communément appelé le *surnaturel*. On voit par là que le surnaturel est un ensemble de dons nouveaux destinés à suppléer les dons primitifs que le péché avait atrophiés en nous; c'est, pour employer une expression du droit romain, une sorte de *restitutio in integrum*. Mais le mode par lequel ces dons nous sont rendus, diffère de celui par lequel ils nous avaient été primitivement donnés. A l'affaiblissement de la lumière de la raison, Jésus-Christ a suppléé par la lumière de l'Évangile; à l'affaiblissement de la voix divine de la conscience, Dieu a suppléé par la voix de l'Église; à l'affaiblissement de l'idéal divin, Jésus a suppléé par l'idéal chrétien.

Il suit de là que l'homme, primitivement créé dans toute la perfection de sa nature et de son milieu, a perdu par le péché cette perfection, c'est-à-dire une partie de son être, car la perfection c'est la plénitude de l'être. Il a perdu cette perfection parce qu'elle ne pouvait être conservée que par la coopération de l'homme avec Dieu, et que l'homme, en péchant, refuse de collaborer avec lui.

Réfléchissons d'autre part qu'un être ne peut atteindre pleinement sa fin que par sa perfection. Si cette perfection s'amoindrit, la vie diminue d'autant; des déchirements, des désordres se produisent, et l'être devenu imparfait tend à sa destruction. L'humanité aurait donc infailliblement péri, — l'histoire ne le prouve pas moins que la métaphysique, — si Jésus-Christ ne l'avait rachetée et sauvée en lui rendant les dons divins qu'elle avait perdus par sa faute.

Nous voyons donc deux parts différentes dans les manifestations de la vie humaine : une part inférieure que conserve l'homme déchu, et une part supérieure qui formait son apanage au sortir des mains du Créateur, part qu'il a perdue par sa désobéissance, mais qu'il lui est possible de recouvrer, grâce aux mérites du Sauveur. La part conservée par l'homme déchu prend habituellement le nom de *nature*, par opposition à la part supérieure, perdue en Adam et retrouvée en Jésus-Christ, qu'on appelle le *surnaturel*.

Ces deux mots ainsi définis, *nature et surnaturel*, ont un sens très clair et facile à concevoir. Mais il s'en faut que la même clarté se retrouve quand on néglige de définir. Me confiant un peu trop dans l'esprit philosophique de mes lecteurs, j'ai à tort négligé de définir, et j'ai créé de regrettables malentendus. C'est ainsi qu'on m'a reproché amèrement d'avoir dit que l'état de nature était identique à l'état d'innocence ou d'intégrité. Le pénible étonnement causé par cette proposition aurait cessé si l'on avait pu comprendre que j'entendais par nature tout ce qui constitue l'essence d'un être, sens que possède légitimement le mot nature. Or, l'essence d'un être comprend toutes les perfections que cet être est susceptible de recevoir, à quelque titre que ce soit. Dans ce cas, j'avais raison de dire que l'état de nature et l'état d'intégrité sont identiques.

Mais comme on entend aussi le mot nature dans le sens de ce qui reste à un homme qui a été, par le péché, découronné de ses dons supérieurs, quelques-uns de mes lecteurs, hantés par ce sens, ont vu avec raison une erreur dans ma proposition. Mais ils ont eu tort de croire que c'est ce sens que j'avais adopté. Je donnais au mot nature la signification d'essence ; et, si l'on veut bien me relire attentivement, on s'en apercevra.

Pareil *quiproquo* s'était produit entre Lamennais et les auteurs qu'il avait lus d'une part, et Lamennais et ses lecteurs de l'autre. Il a dit, dans son *Esquisse d'une philosophie* (1), qu'il ne conçoit pas un état surnaturel, parce que la nature des êtres étant leur essence, il est impossible qu'il y ait pour eux un état au-dessus de cette essence.

L'incrédulité de Lamennais à cet égard provient d'un malentendu. Supposant que, pour croire au surnaturel, il faut admettre dans l'être humain un état au-dessus de son essence, Lamennais attribuait à tort aux philosophes catholiques une opinion qu'il avait raison de trouver absurde. L'essence d'un être est son principe d'intégrité et implique la possibilité de toutes les relations que cet être est capable d'avoir avec les autres êtres, y compris l'Être suprême. Or, l'homme pouvant être appelé à l'état surnaturel, non seulement sans cesser d'être homme, mais en réalisant dans sa plénitude le type de l'homme parfait, on peut et, suivant moi, on doit dire que le surnaturel fait partie de l'essence de l'homme, en ce sens que, dépouillé du surnaturel, il n'est pas un

(1) Tome II, p. 80.

homme intégral, mais amoindri, diminué, un homme qui ne réalise pas toute son essence. Si maintenant on me permet de définir l'homme par le caractère le plus élevé de son essence, je dirai : l'homme est un être surnaturel.

Entendu ainsi, le surnaturel n'aurait eu certainement pour le grand esprit de Lamennais rien d'absurde et de contradictoire. Mais, d'autre part, quelques-uns de ses lecteurs ont eu tort de croire qu'il refusait d'admettre le surnaturel en lui-même parce qu'il disait que l'essence d'un être c'est sa nature (1). Il est évident qu'en faisant du mot nature le synonyme d'essence, il n'entendait pas en limiter l'acception à la nature déchue, mais l'étendre à la nature intégrale qu'on peut concevoir comme embrassant le surnaturel aussi bien que la nature déchue.

On me dit que le surnaturel est quelque chose de surajouté à la nature, *aliquid superadditum*. C'est bien ainsi que je l'ai entendu, car j'ai commencé par démontrer que l'homme n'est pas seulement un être individuel, mais encore un être social. Son caractère social vient s'ajouter à son caractère individuel. J'ai en outre commencé de démontrer, et je démontrerai complètement dans la suite de l'ouvrage, que le surnaturel a pour raison d'être de porter à sa perfection la vie sociale. Donc le surnaturel, nécessaire à la vie sociale, est quelque chose d'ajouté à la nature individuelle. En effet, qu'est-ce qui s'amoindrit dans l'homme, à mesure que le surnaturel diminue ? La charité. Or, la charité est, par excellence,

(1) L'abbé Caron, *le Surnaturel*.

le lien social. Elle est le lien social parce qu'en nous reliant à Dieu elle nous relie les uns aux autres, et en nous reliant les uns aux autres elle nous relie à Dieu ; elle est le cycle complet de l'union et de l'harmonie. L'homme purement individuel serait un parfait égoïste. Au contraire, la charité, c'est-à-dire le surnaturel, fait de nous des êtres sociaux parfaits, parce que nous devenons capables d'aimer le prochain comme nous-mêmes. Toutes les vertus ont pour base la charité, comme tous les vices ont leur racine dans l'égoïsme.

Un critique s'est étonné que je présente le surnaturel comme une force. Il n'est pas loin de trouver ma pensée hétérodoxe. Comment, objecte-t-il, le surnaturel serait-il une force, puisque Jésus-Christ a dit (Joann. III,7) : « Vous devez renaître une seconde fois? » Le surnaturel est donc une vie nouvelle. — Je remercie mon contradicteur de confirmer si bien ma thèse ; car là où il y a vie, il y a nécessairement force vitale. Il doit peut-être l'avoir entendu dire. Cette force, précisément parce qu'elle est vitale, doit avoir les caractères que je réclame pour le surnaturel : l'intelligence et l'unité. Un être vivant est, en effet, un organisme composé avec une parfaite sagesse, et ce qui le caractérise spécialement c'est l'unité. La force surnaturelle doit donc produire une vie surnaturelle.

Mais cette vie surnaturelle, mon critique ne comprend pas qu'on puisse la voir dans la société. Faire *de la société le sujet du surnaturel* est une idée qui l'étonne par son étrangeté. Il ne voit dans l'humanité que des individus, et c'est l'individu seul, d'après lui, qui est appelé à renaître par le surnaturel. Mais dans quel but l'individu renaît-il par le surnaturel, si ce n'est pour sortir de l'égoïsme, être rempli de charité, et devenir par là même un être parfaitement social (1)? « Quand a-t-on baptisé la société? » me demande mon censeur. Je réponds : lorsque les institutions, les lois, les mœurs, l'autorité sont devenues chrétiennes et ont fait acte de soumission définitive au Christ. L'expression de « société baptisée » a été couramment employée dans la littérature catholique de ce siècle. J'expliquerai d'ailleurs dans le second volume ce que c'est qu'une société chrétienne, qu'il ne faut pas confondre avec une société de chrétiens, laquelle peut être payenne ou athée, comme l'est la nôtre, quoique composée d'individus baptisés, si ses institutions et ses lois sont athées.

Me voici maintenant en mesure de justifier ma proposition qui a paru si étrange : le surnaturel, c'est la conscience. La conscience morale, en effet, est une intervention divine dans l'âme humaine; c'est la voix de Dieu qui nous appelle dans la direction du bien; c'est la loi de Dieu gravée par Dieu lui-même au fond de nos cœurs. Mais le péché ayant porté l'homme à méconnaître cette intervention divine, à rester sourd à la voix de Dieu, à oblitérer ces caractères sacrés, Dieu est intervenu d'une autre manière pour nous rendre ce que nous avions perdu, pour nous refaire une conscience nouvelle à la place de la conscience primitive, que nous n'avions pas su conserver; bref, il nous a donné une conscience surnaturelle pour

_______

(1) Omnia vestra in caritate fiant I. Cor. XVI, 14.

suppléer et remplacer au besoin la conscience naturelle.

Cette conscience surnaturelle c'est l'Église avec ses dogmes, ses sacrements, ses grâces, etc. Si l'humanité avait su conserver la lumière divine dans toute sa splendeur et la conscience morale dans sa pureté immaculée, quels qu'en fussent les modes primitifs elle aurait formé, par le fait même, une société parfaite, et Jésus-Christ n'aurait pas eu besoin de l'engendrer de nouveau dans les effroyables tourments de sa passion.

Le surnaturel chrétien est donc une intervention extérieure de Dieu destinée à suppléer son intervention intérieure obscurcie par les ténèbres du péché; et cette intervention intérieure, ou surnaturel primitif, était une raison parfaite, une conscience parfaite et une inspiration parfaite. Voilà comment on peut rapprocher, et en quelque sorte superposer la conscience et le surnaturel. C'est dans ce sens que je l'avais entendu, et c'est dans ce sens aussi que mon éminent maître, l'abbé Noirot, appelait la raison et la conscience une révélation naturelle et le christianisme une révélation surnaturelle.

Que mes critiques me pardonnent de n'avoir pas dit plus tôt toutes ces choses : je croyais qu'ils les savaient.

On n'a pas assez aperçu qu'en démontrant que l'homme est un être social, je jetais les fondements d'une démonstration nouvelle, plus claire et plus solide, de la religion.

Car si l'homme est un être social, il y a en lui une vie sociale, distincte mais non séparée de la vie individuelle. Cette vie sociale n'a manifestement pas d'autre aliment que la charité, et la charité n'a pas d'autre mère que la foi; car la foi en une justice éternelle peut seule nous porter à rendre justice au prochain et, au besoin, à nous sacrifier pour lui, ce qui est la condition essentielle de l'harmonie sociale.

Là est tout le fond de l'ouvrage que j'ai entrepris. J'y démontre que la question sociale, en laquelle se résume tout le problème de la destinée humaine, ne saurait être résolue que par le surnaturel sainement entendu. C'est dire que le surnaturel m'apparaît comme le moteur le plus nécessaire et le but le plus élevé de la vie sociale. Et l'on m'a accusé d'avoir amoindri et abaissé le surnaturel, alors que j'ai tant de raisons de renvoyer ce reproche à mes contradicteurs, qui auraient voulu que je traite la question sociale sans parler du surnaturel, comme si le surnaturel était chose vaine et inutile, un domaine aussi stérile que sacré! A quoi donc voulez-vous que serve le surnaturel s'il n'augmente pas la charité, s'il ne sauve pas la justice, s'il ne donne pas du pain aux affamés, en un mot s'il ne résout pas la question sociale?.....

Maintenant que nous avons sommairement éclairci cette grave question du surnaturel, qui est le point central de la théologie, de la question sociale et même de la philosophie, nous pouvons aborder d'autres points qui s'y rattachent, et sur lesquels je suis accusé d'avoir commis de graves erreurs. On m'a signalé en premier lieu la question de l'immortalité d'Adam au sujet de laquelle j'aurais versé dans le Pélagianisme.

Je déclare tout d'abord repousser formellement toutes les erreurs de Pélage, et je me fais fort de démontrer que je n'en ai professé aucune.

Je ferai auparavant un mot de réponse à ceux qui me reprochent d'avoir traité là une matière délicate, embrouillée, et en dehors de mon sujet. Si elle est délicate et embrouillée, ce n'est point de ma faute. Quant à être en dehors de mon sujet, je le nie et j'ai déjà prouvé le contraire. La question est de savoir si l'homme a été primitivement créé pour le travail, ou non. Si c'est oui, le travail est alors une loi à laquelle tout le monde doit se soumettre. Si c'est non, il n'est plus qu'une nécessité accidentelle qui s'impose à ceux-là seuls qui n'ont pas les moyens de s'y soustraire. On n'a pu me rien répondre là-dessus. Or, la question du travail étant la base de toute discussion sur la question sociale, j'avais absolument besoin d'établir que le travail est une loi et non pas un simple châtiment (1). Comme beaucoup de catholiques, et même quelques ecclésiastiques peu instruits professent que le travail est un châtiment et non pas une loi, et qu'il résulte de cette erreur d'effroyables calamités sociales, je n'ai pu passer devant cette question sans la résoudre, et j'ai dû y insister en raison même de sa délicatesse et de sa gravité. Quelques personnes m'ont reproché le ton ironique de certains passages. Je reconnais que je les ai écrits avec émotion et avec colère... la colère d'un homme qui voit couler le sang et qui fait tout ce qu'il peut pour éviter des massacres...

D'autres m'ont dit : Il n'y a pas de question sur ce point. Tous les théologiens sont d'accord avec l'Écriture

(1) Cette idée est énoncée d'une façon formelle mais brève dans l'Encyclique *Rerum novarum*. J'ai voulu développer et établir scientifiquement la vérité que Léon XIII n'a fait qu'affirmer en passant.

pour admettre qu'Adam travaillait dans le paradis terrestre. Fort bien. Mais alors il faut concilier cette vérité
avec cette autre qu'Adam était immortel. Si l'on ne donne
pas de l'une et de l'autre des explications qui fassent disparaître la contradiction apparente qui les sépare, ceux
qui n'ont pas une foi très robuste rejetteront l'une des
deux ou toutes deux à la fois. De leur côté, les croyants
ne s'occuperont ni de l'une ni de l'autre pour n'avoir pas
des tentations d'incrédulité, et ces deux vérités, enfermées
au fond de la vieille armoire où l'on met les dogmes
obscurs, seront perdues pour la pratique. C'est bien ce
qui est arrivé depuis plusieurs siècles, car personne,
à ma connaissance, n'a mis en relief, avec la force et la
netteté nécessaires, la loi du travail base de la société. Il
n'est donc pas étonnant que la société, dont la base est
si mal affermie, soit troublée, et que le « monde du travail » comme on dit, soit en révolution (1).

Sans vouloir traiter à fond la question très complexe et
très profonde de l'immortalité d'Adam, dont je ferai peut-
être plus tard l'objet d'un écrit séparé, il est nécessaire

(1) Il faut bien distinguer entre les dogmes eux-mêmes et l'explication
qu'on en donne. Dieu révèle les dogmes, puis l'homme les explique de
son mieux. Les dogmes sont immuables et divins ; les explications sont
humaines et perfectibles au gré de notre intelligence et de notre science.
Cette distinction qui vient naturellement à l'esprit, je la trouve expressément développée dans un excellent livre du P. Delamare, jésuite
du commencement de ce siècle, *La foi justifiée de tout reproche de
contradiction avec la raison.* Les systèmes imaginés par les théologiens
peuvent être erronés et même contradictoires sans que les dogmes en
soient atteints. Cette observation, qui résout la question de Galilée et bien
d'autres, doit servir aussi à rasséréner les lecteurs de mon livre. J'ai
respecté les dogmes ; mais j'ai attaqué certaines explications théologiques pour leur en substituer d'autres qui me paraissent bien meilleures.
C'est au lecteur à en juger.

que je dissipe en quelques mots la mauvaise impression que la lecture de mon premier volume a produite sur l'esprit de quelques lecteurs.

Depuis que ces pages ont été écrites j'ai trouvé dans saint Augustin un texte qui rend parfaitement le fond de ma pensée. Ce grand docteur dit qu'Adam avait le « posse non mori » mais non pas le « non posse mori (1). » De même Bossuet, dans ses *Élévations sur les mystères*, dit qu' « Adam pouvait mourir puisqu'il pouvait pécher »; c'est-à-dire que l'immortalité dont il jouissait n'était pas une immortalité inconditionnelle, et assurée en tout état de cause, mais une immortalité subordonnée à des conditions sévères de parfaite fidélité. L'immortalité ayant ce dernier caractère, je l'admets parfaitement, ainsi que j'en ai fait la déclaration expresse aux pages 151 et 169. Les arguments que j'ai dirigés contre l'immortalité d'Adam ne s'adressent qu'à l'immortalité inconditionnelle que repoussait saint Augustin et qu'il exprimait par ces mots très clairs : *non posse mori*. Bossuet, comme nous l'avons vu, ne l'admettait pas non plus, et saint Thomas, nous allons le voir, ne la professait pas davantage.

Malheureusement, sur ce point, l'enseignement commun, manquant de précision, s'est altéré au gré de l'imagination de chacun. Pour répondre aux négations du péché originel qui se sont produites dans ces derniers siècles, on a cru bien faire en exagérant la situation privilégiée d'Adam. On pensait fortifier ainsi le dogme de la chute et exalter celui de la Rédemption; et on ne s'aper-

_____

(1) Traité *De correptione et gratiâ*.

cevait pas, malgré l'excellence des intentions, qu'on s'exposait à des désastres le jour où une critique, même bienveillante, sonderait ces problèmes. Un enseignement dépourvu de principes métaphysiques et privé de l'esprit qui vivifie, subordonné par suite à une littéralité « qui tue », a dénaturé les choses au point de faire du premier homme une sorte de dieu, et de Dieu créateur un être fort semblable à un homme.

Tout autre est l'enseignement de saint Thomas. Ce grand théologien, qui était un grand métaphysicien, veillait à ne pas émettre d'assertions contradictoires entre elles, ni contradictoires avec les vérités scientifiquement acquises. Ce qui caractérise les grands théologiens, c'est qu'ils mettent de l'unité et de l'harmonie dans leur doctrine. Leurs raisonnements se suivent, s'enchaînent et se fortifient mutuellement. Il n'en est pas de même des petits théologiens qui, dans leurs explications étroites, ne se préoccupent pas de ce qu'ils ont dit plus haut, ni de ce qu'ils diront plus loin. C'est pourquoi, depuis quelques siècles, on a émis sur l'état du premier homme des opinions qui ne cadrent pas entre elles, et qui ne s'accordent pas davantage avec les réalités scientifiques.

L'Adam de saint Thomas est un homme vivant et agissant, dans les principaux traits de qui nous reconnaissons bien un ancêtre. Il n'est pas entouré de ces incompréhensibles mystères, ni de ces impossibilités manifestes qu'on a prodiguées dans ces derniers temps; c'est un homme transfiguré, mais non dénaturé. Il est parfait, mais non pas plus que son essence ne le comporte.

J'ai déjà relevé dans le chapitre septième, quelques

points principaux de l'enseignement de saint Thomas. Je ne puis pas reprendre en sous-œuvre tout ce sujet. Mais j'ajouterai quelques remarques à ce que j'ai dit dans le corps de l'ouvrage. Pour démontrer que l'homme primitif avait besoin de nourriture et se reproduisait par le mode actuel, saint Thomas emprunte ses arguments à l'anatomie et à la physiologie. Cette méthode a une portée considérable et justifie tout ce que j'ai dit; car c'est sur l'anatomie et la physiologie, ainsi que sur des sciences encore plus hautes, telles que la biologie et l'anthropologie, que je me suis appuyé. Aussi je déclare m'en référer purement et simplement à ce que professe le Docteur angélique sur le sujet qui nous occupe, et à ce qui en découle nécessairement. Si j'ai été amené à repousser l'immortalité inconditionnelle et absolue d'Adam, c'est qu'elle est incompatible avec la notion de l'homme et de la vie terrestre; elle exige de la matière des propriétés qui ne lui conviennent pas; elle transporte dans le monde des agrégats cosmiques des conditions qui sont particulières à la simplicité des substances spirituelles.

Saint Thomas ne s'y est pas trompé : Parlant de l'arbre de vie, il dit qu'il « n'avait pas pour effet naturel d'engendrer l'immortalité, *parce que la force vitale d'un corps quelconque est limitée* (finita). D'où il suit que la vertu de l'arbre de vie ne pouvait pas s'étendre jusqu'à donner au corps humain la force de durer un temps infini, mais seulement jusqu'à un temps déterminé; ce temps écoulé, ou bien l'homme serait passé à la vie spirituelle, ou bien il aurait eu besoin de se nourrir de nouveau du fruit de l'arbre de vie. » *La force vitale d'un corps quelconque est limitée.* Voilà enfin de la bonne métaphysique! Saint Thomas, lui, donne à chaque substance les propriétés qui lui conviennent. Il ne confond pas l'homme avec Dieu, ni Dieu avec l'homme. Le principe sur lequel il s'appuie est le principe même de la biologie moderne. C'est un plaisir de voir un théologien du treizième siècle énoncer des vérités qui seront mises six siècles plus tard en pleine lumière par Claude Bernard, Pasteur et d'autres illustres savants. Saint Thomas comprenait déjà par intuition qu'en physiologie, pas plus qu'en mécanique, il n'y a de mouvement perpétuel. De même qu'en physique on démontre que le mouvement implique l'inertie, de même Claude Bernard, accentuant le mot de Bichat, a pu dire : La vie, c'est la mort.

Si ces notions premières n'avaient pas été méconnues par d'insuffisants interprètes des dogmes catholiques, je n'aurais pas écrit les chapitres VII, VIII et IX des *Vérités mâles,* qui m'ont beaucoup coûté sous plusieurs rapports.

On me dit : Vous oubliez les grâces et privilèges originairement reçus par le premier homme. — Je n'oublie pas cela, et j'ai eu soin, à plusieurs reprises, de donner comme point de départ à toutes mes thèses la perfection originaire de l'homme. Mais ce que mes contradicteurs paraissent oublier, c'est que la perfection dont il s'agit ne doit pas aboutir à détruire l'essence de la créature humaine; nous sommes en présence de la perfection humaine, c'est-à-dire relative, et non de la perfection divine, c'est-à-dire absolue. Mes contradicteurs oublient en outre qu'Adam, même dans le paradis terrestre, avait été placé dans un lieu d'épreuve et soumis à des condi-

tions d'épreuve. Cette vérité, profondément méditée, nous
conduira bien loin de cette infaillibilité absolue, de cette
sorte d'impeccabilité et de cette impassibilité dont le gra-
tifient trop libéralement des gens bien intentionnés,
mais dépourvus de toute notion d'ontologie.

Saint Thomas concède que, même en l'absence du péché
originel, l'humanité aurait été soumise à des gouvernements. Si chaque individu connaissait parfaitement son
devoir et le voulait accomplir, les gouvernements n'auraient aucune raison d'être. Donc l'existence d'un gouver-
nement implique de la part de ses subordonnés une notion
imparfaite du devoir et une certaine paresse à l'accomplir.
Sans cela, pourquoi restreindre la liberté individuelle par
les multiples réseaux d'une administration même bénigne?

Après tout, il nous serait, ce me semble, facile de
nous mettre d'accord. L'homme étant composé de deux
substances, l'une spirituelle et l'autre corporelle, et tout
être étant soumis dans toutes ses parties à des lois
qui sont les conditions même de sa vie, il est évident que la vie résulte de l'observation de ces lois,
que leur violation entraîne la destruction ou diminution de la vie, et que la plénitude de la vie résulte
d'une fidélité parfaite et constante à toutes les lois de la
vie. Or, Dieu avait donné des lois à l'âme de l'homme;
*il en avait aussi donné à son corps.* Les lois du corps
prennent d'une façon générale le nom d'hygiène. Si l'on
réfléchit que l'hygiène et la morale se pénètrent pour
ainsi dire, par tous les points, et, comme je l'ai dit ailleurs, qu'une morale parfaite est une hygiène parfaite,
on comprendra toute l'importance qui s'attache à l'ob-

servation parfaite des lois du corps. Cette observation était nécessairement au nombre des conditions d'épreuve assignées à nos premiers parents. S'ils y eussent été scrupuleusement fidèles, leurs corps eussent joui de la plénitude de la vie renfermée dans leur essence ; et cette plénitude, sans être infinie, pouvait aller fort loin, aussi loin que leur capacité de jouir, et, selon saint Thomas, que leur *capacité de durer*. Si l'on entend par immortalité l'épuisement complet sur cette terre de cette capacité de durer, nous voilà d'accord entre nous et avec saint Thomas, ce qui ne laisse rien à désirer.

Mais quelque éloignée qu'elle fût, cette « finition de la force vitale », comme dit saint Thomas, devait arriver à un moment donné. Ce moment, je l'ai appelé *déterrestration*. Le mot importe peu, mais je l'ai créé pour marquer la différence énorme qui sépare le phénomène qu'il désigne de celui que nous appelons la mort. J'ai noté ces différences, qui sont capitales, au chapitre VIII, page 193 et suivantes. On n'a pas assez remarqué que la certitude du passage à une vie meilleure, qui fût assurément résulté d'une constante fidélité à la loi de Dieu, aurait ôté à la fin de la vie tous les caractères par lesquels elle nous répugne. Elle eût été une joie, c'est dire qu'elle n'eût pas été à proprement parler, la mort. Passer d'une félicité grande, mais instable, à une félicité plus grande et stable est une manière de finir la vie qui est l'opposé de la mort actuelle, que nous considérons comme le plus grand de tous les malheurs.

Si l'on me dit que le corps d'Adam se fût envolé avec l'âme sous la forme et dans les conditions où il avait

vécu sur la terre, j'éprouve, je l'avoue, un violent étonnement. Ma surprise et mon inquiétude ne diminuent pas si
l'on ajoute, pour me rassurer, que ce phénomène se pro-
duisait sous forme d'assomption. Une chose est certaine,
c'est que notre corps, pour vivre, a besoin de respirer de
l'oxygène, et qu'à quelques kilomètres au-dessus de
notre tête, il n'y en a plus ; qu'il a besoin de nourriture et
que l'éther n'est pas un aliment pour l'estomac ; qu'il a
besoin d'un certain calorique, et qu'à mesure qu'on monte
dans l'atmosphère, le thermomètre descend jusqu'à des
degrés qui ne permettent à aucun organisme vivant de
subsister ; qu'il a besoin de pression atmosphérique et
que, faute de cette pression, tout le sang s'échappera par
les pores.

Que se passera-t-il dans ce phénomène de l'assomption? C'est que le corps humain qui n'était pas mort sur
la terre, mourra dès qu'il s'en sera éloigné de quelques
lieues. On n'aura esquivé la difficulté que pour la rencontrer aussitôt après. Si l'on me dit que le corps en quittant
la terre recevra instantanément des propriétés qui lui
permettront de se passer d'atmosphère, de nourriture et
de chaleur, je l'admets, d'autant plus volontiers que si
un changement ne se produit pas dans les propriétés mo-
léculaires et les appétits physiologiques du corps, le ciel
des chrétiens devient alors semblable à l'Olympe des
païens ou au paradis de Mahomet. Dans l'assomption
dont on me parle, force est bien d'admettre un moment
où le corps se transforme, perd la plupart de ses qualités matérielles et en acquiert de nouvelles. Le corps
*assompté* n'est plus la même chose qu'était le corps vi-

vant sur la terre. Que ce changement radical s'appelle mort, ou déterrestration, ou transmutation, ou assomption, le mot importe peu, et je n'ai pas l'intention de faire ni de souffrir des querelles de mots. Je constate simplement qu'un changement radical était inévitable, ce qu'il fallait démontrer.

Et pourquoi les molécules du corps ne se seraient-elles pas désagrégées? Est-ce que les molécules, qui ne font que passer dans le corps et qui se désagrègent constamment, ne sont pas distinctes de la forme essentielle qui est permanente? Est-ce que la matière organique dont le corps humain se compose n'est pas absolument nécessaire à la vie des êtres organisés qui habitent la terre? Notre globe est présentement un vaste cimetière qui se couvre de moissons engraissées par les restes de nos ancêtres. Qu'arriverait-il si notre planète était successivement privée des éléments matériels qui composent notre corps? C'est qu'elle s'appauvrirait peu à peu en matière organique, et que la vie y deviendrait de plus en plus faible et difficile. Le paradis terrestre se changerait progressivement en un désert. Voilà le résultat auquel on aboutit en voulant trop embellir ledit paradis terrestre.

Si, pour éviter une transformation trop radicale du corps humain passant d'une vie à l'autre, on attribue à ce corps humain, pendant sa vie terrestre, des qualités sensiblement différentes de celles qu'il possède présentement, ou si l'on suppose dans la nature primitive du globe des différences essentielles au point de vue de son organisation et des lois qui la régissent, on court, à mon avis, le plus grave danger et l'on perd la religion tout entière. Voici pourquoi. C'est que cette théorie d'un changement radical et essentiel opéré dans l'homme primitif ou dans la nature par la chute originelle, est un système spécial d'évolutionnisme. L'évolutionnisme, on le sait, nie la fixité des essences. C'est en cela que consiste son erreur. D'après lui, tous les êtres sont produits et puis transformés par les milieux ou par une force immanente inconsciente. Les genres, les espèces, les races n'ont rien de stable et peuvent se fondre les uns dans les autres. Dès lors, rien d'absolu; la moralité est relative, changeante et arbitraire comme tout le reste. Or, si nous admettons un changement d'essence dans l'homme, quel qu'en soit le motif, nous ne pouvons plus réfuter l'évolutionnisme, puisque nous lui accordons son principe le plus fondamental et le plus pernicieux. L'erreur que je combats a tellement influencé les esprits de notre époque, que je ne m'étonne pas de voir l'évolutionnisme, la plus radicale et la plus funeste erreur de ce siècle, si faiblement réfuté par les catholiques. Si l'on veut se débarrasser de l'évolutionnisme, source de toutes les négations morales et religieuses, il ne faut pas l'admettre en théologie, mais en rejeter tous les principes par une bonne ontologie combinée avec une judicieuse observation des faits.

Ce n'est pas là le seul danger qu'un changement d'essence dans la nature ou dans l'homme ferait courir à notre foi. L'essence d'un être étant fixée par la parole créatrice, un changement d'essence implique une intervention nouvelle du pouvoir créateur, en un mot une seconde création. Or tous les hommes sont frères parce qu'ils sont de la même essence et issus de la même parole créatrice. Mais si l'on admet entre l'homme primitif et l'homme actuel des différences qui impliquent un changement d'essence, une intervention du pouvoir créateur, il en résulte deux énormes conséquences :

1° L'homme primitif et l'homme actuel ne sont pas deux êtres appartenant à la même espèce. Leur essence n'étant pas identique, ils ne peuvent pas être considérés comme frères, et, par suite, aucune solidarité ne saurait exister entre eux. Si nous sommes malheureux ce n'est pas parce que notre premier père a péché, mais parce qu'à la suite d'une faute quelconque d'un être fort différent de nous, nommé Adam, Dieu a créé le mal qui nous entoure, et nous a constitués misérables et mortels par un acte spécial de sa création. Entre le paradis terrestre et nous, la barrière interposée n'est pas la solidarité d'une même race dans une faute commune, mais un acte créateur qui a produit une race nouvelle constituée pour souffrir, comme la précédente avait été constituée pour jouir. C'est-à-dire que les partisans de la métamorphose paradisiaque abandonnent la Divinité sans défense à tous les blasphèmes et à toutes les malédictions des malheureux! On comprendra que je redoute pour ma part de m'exposer à une pareille éventualité.

2° Si l'essence d'Adam et la nôtre ne sont pas identiques, il en résulte que Jésus-Christ ne peut être à la fois semblable à Adam et à nous. S'il n'est semblable qu'à nous, il n'a pu réparer la faute d'Adam puisqu'il n'est pas son frère, et que la solidarité disparaît avec la ressemblance. S'il n'est semblable qu'à Adam, comment peut-il réparer en notre faveur la faute d'un être qui ne nous ressemble pas et dont nous sommes séparés par l'abîme d'une création nouvelle? C'est — qu'on me passe en raison de sa clarté cette comparaison trop familière pour un si grave sujet — comme si un homme voulant améliorer son espèce bovine, faisait venir un beau bélier au lieu de se procurer un taureau de choix. Pour que la Rédemption s'opère, il faut qu'Adam le coupable, nous les victimes, et Jésus le Réparateur, soient frères et appartiennent à la même race, partant soient soumis aux mêmes lois.

On voit, en y réfléchissant, qu'un zèle maladroit en faveur du dogme de la Rédemption peut compromettre totalement ce fondement essentiel du christianisme, qui est en même temps la clé de l'énigme humaine.

On s'explique maintenant pourquoi j'ai abordé ce sujet et pourquoi je l'ai traité dans le sens où je l'ai fait, au risque d'alarmer des amis plus dévoués qu'éclairés de la cause que je soutiens. En réalité, j'ai voulu traiter la question plus à fond et ne pas laisser derrière moi des brèches ouvertes à l'ennemi.

Je résume ainsi la progression de mes arguments. La question sociale ne peut être résolue que par l'observation générale de la loi du travail. Jamais on n'obtiendra cette observation générale si le travail est déclaré un châtiment et non une loi de première origine. Pour attribuer au travail la valeur d'une loi, il faut que, même dans le paradis terrestre, la vie humaine dépendît en tout ou en partie de son observation. Cette dépendance

ne peut coexister avec une immortalité inconditionnelle
et une impassibilité absolue. D'autre part, si le péché originel a été le point de départ d'une création nouvelle
ou d'une modification essentielle de la création primitive,
point de solidarité entre Adam et nous, entre Adam et
Jésus-Christ ; partant la Rédemption ne s'explique pas
et perd sa raison d'être ; nos malheurs ne viennent pas
de notre premier père, ni de nous, mais de Dieu même ;
et comme la Rédemption ne paraît pas avoir, il y a deux
mille ans ni depuis, modifié la création, on demeure
incertain de son but, et on se sent porté à la nier. —
Je défie qu'on me montre une fissure quelconque dans
la contexture de ce raisonnement.

Toutefois je serai ravi d'être vaincu et si l'on m'apporte des explications meilleures que les miennes, pouvant concilier, aux yeux des vrais penseurs, la loi du
travail et l'immortalité, la situation privilégiée d'Adam
et sa fraternité avec Jésus-Christ et avec nous, je les
accueillerai avec une joie profonde et le plus religieux
empressement.

Parmi celles de mes opinions qui ont été contestées,
il en est une qui se rattache de près à celle dont je viens
de m'occuper. J'avais avancé que la déchéance originelle ne devait pas être attribuée tout entière à une
faute unique d'un caractère particulier, laquelle seule
aurait entraîné pour l'humanité les calamités de toute
sorte dont elle souffre depuis une époque extrêmement
voisine de sa création. J'ai été amené à cette opinion
par la constatation scientifique de la solidarité morale

de tous les hommes entre eux. Mieux, ce me semble,
qu'aucun moraliste précédent, chrétien ou autre, j'ai
établi que l'homme est un être social, et que les conséquences du bien opéré ou du mal commis par chaque
individu retombent sur ses semblables, non seulement
sur ses contemporains, mais encore sur sa postérité.
Muni de cette vérité en grande partie nouvelle et absolument incontestable, il m'a paru que j'étais enfin en possession de la théorie rationnelle de la chute de l'homme.
Ce dogme fondamental du christianisme avait fait de
tout temps le désespoir de tous les penseurs. Les essais
de démonstration qu'on en avait tentés avaient été généralement infructueux et on avait été réduit à le con-
sidérer comme un mystère impénétrable. Dans ces derniers temps cependant, quelques philosophes chrétiens,
spécialement M. Auguste Nicolas, en avaient donné des
preuves *à posteriori*, c'est-à-dire qu'on avait constaté
dans l'homme des anomalies, des contradictions appa-
rentes, des lacunes, des souffrances, qui ne pouvaient
être expliquées que par l'admission d'une déchéance
originelle. Mais pourquoi, comment, cette déchéance
s'était produite et transmise à nous, c'est ce qu'on ne
pouvait pas expliquer.

Joseph de Maistre avait timidement essayé de mettre
en avant la doctrine de la solidarité héréditaire; mais il
n'en avait dit que quelques mots (1), sans insister, et sans
donner à son argumentation la force logique et le développement qu'elle comportait. Après un tel échec, la

(1) *Soirées de Saint-Pétersbourg*, Deuxième entretien.

tentative, à ma connaissance, n'avait pas été renou-
velée.

Placé en face de ce problème, il me parut tout d'abord
qu'en principe on pouvait espérer l'éclaircir, et que rien
n'obligeait à y voir un mystère impénétrable. Il n'y a en
effet que deux sortes de vérités qui soient en dehors de la
portée de l'intelligence humaine : 1° ce qu'il lui est tout
à fait inutile de connaître, par exemple ce qui se passe
dans les étoiles ; 2° ce qui est le propre domaine de l'absolu divin, parce que notre intelligence, étant bornée, ne
peut se flatter de comprendre que le fini. L'infini peut se
constater, mais non pas se développer entièrement aux
yeux finis de l'homme. Or le dogme de la chute rentre
évidemment dans les lois humaines. Il n'est pas question
ici de la vie purement divine, mais de la vie humaine ;
ses conséquences font essentiellement partie des lois sociales. Tout cela est du relatif, au milieu duquel nous vivons et n'échappe pas nécessairement à notre portée
intellectuelle. Ajoutons que nous avons le plus haut et le
plus pressant intérêt à connaître la vérité sur ce point ;
et non seulement à la connaître, mais encore à l'établir
solidement dans l'intelligence, de manière à en voir les
tenants et les aboutissants, les raisons et les causes.
Toute religion positive est suspendue à ce clou, tout le
problème de notre destinée y est attaché. Une formule
vague, une affirmation sans preuve, même un appel à
notre foi ne peuvent suffire sur une telle question ; ou du
moins s'ils peuvent suffire à la partie de l'humanité qui
vit de tradition, c'est à la condition que les ouvriers intellectuels de l'humanité déblaieront le terrain de leur

mieux, et y projetteront toute la lumière possible. Car le représentant de Dieu lui-même ne peut parler à ses semblables qu'au nom de la lumière. Or Dieu ne se charge pas de nous inonder de sa lumière sans nous et malgré nous. Nous devons coopérer avec lui par le travail de la pensée. La vérité est toujours un peu la récompense de nos efforts dans le domaine où elle est accessible à notre intelligence.

Rassuré par ces réflexions sur la possibilité d'arriver à ce sujet à la lumière rationnelle, j'ai pris pour base les points fondamentaux et immuables des dogmes révélés ; car, entre vouloir expliquer les dogmes *a posteriori* par la raison, ou bien en faire table rase pour les créer de toutes pièces par la raison, il y a un abîme que je n'ai pas franchi. Les dogmes devant être admis *a priori* m'ont paru être les suivants : la perfection originaire de l'homme, sa faute par l'usage du libre arbitre, sa déchéance ou dépression personnelle résultant de ses fautes, la transmission héréditaire de cette déchéance à tous les hommes, l'impossibilité pour l'humanité de se relever par elle-même de cette déchéance, la nécessité d'un Rédempteur divin, etc.

La méditation de ces dogmes les ayant éclairés à mes yeux d'une lumière nouvelle, et ayant trouvé une démonstration adéquate de la solidarité humaine, j'ai été, je l'avoue, comblé de joie en voyant que ces dogmes essentiels pouvaient être débarrassés de l'obscurité qui les enveloppait, et imposés, même au nom de la raison, aux philosophes qui prétendent la prendre pour guide et penser par elle. C'est ainsi que j'ai été amené à poser cette formule : le péché originel a été un péché actuel, et tous les péchés actuels sont des péchés originels.

Quelques personnes ici me barrent le passage en me disant : « Le péché originel a été un péché actuel, soit ; mais ne dites pas que tous les péchés actuels sont des péchés originels. Il n'y a eu qu'un seul péché originel, après lequel les destins de l'humanité ont été fixés pour toujours, et l'on ne saurait assimiler à cette faute tout exceptionnelle, les méfaits quotidiens de l'espèce humaine qui n'ont pas du tout les mêmes conséquences ».

Est-il de foi absolue que la faute originelle consiste en un acte unique et spécial? Je l'ignore et je suis prêt à admettre tout ce qu'on m'imposera comme obligatoire pour ma foi. Mais je ferai observer que la faute originelle consiste au moins en deux actes, puisque Adam et Ève ont péché tous les deux. Si l'on est ainsi contraint d'admettre deux actes, il semble qu'on ait en principe l'autorisation d'en admettre un plus grand nombre, parce que nous échappons par là même à l'unité de la faute.

Dans tous les cas, je crois avoir démontré et il est absolument prouvé pour moi que nous sommes tous solidaires dans les conséquences de nos actes. Chacun de nos actes est individuel au point de vue du mérite, social quant aux résultats. Cette thèse, qui me paraît scientifiquement établie et que je montrerai corroborée par saint Thomas au chapitre dixième du deuxième volume (*Les remèdes amers*), suffit à constituer dans la lumière rationnelle le dogme de la déchéance et de sa transmission à tous les hommes. Ainsi éclairées, ces vérités essentielles, révélées par la foi, se trouvent confirmées par la raison et éclairent à leur tour d'un jour nouveau tous les autres dogmes qui en découlent. Les explications que j'ai données ne me paraissent ni diminuer en rien, ni dénaturer en quoi que ce soit le dogme du péché originel ni aucune de ses conséquences (1).

L'avantage d'y voir plus clair et de donner complète satisfaction à la métaphysique n'est compensé par aucune perte théologique. Je le crois du moins, jusqu'à la preuve du contraire qui ne m'a pas été donnée malgré mes appels, mais qui, si elle l'était, me trouverait toujours fidèle (2).

D'ailleurs, je demande à mes lecteurs de réfléchir à cette maxime qui fait tout le fond de la morale chrétienne : « Aimez le prochain comme vous-même »; ou bien, « Faites à autrui ce que vous voudriez qui vous fût fait ». Pourquoi se préoccuper du prochain ? pourquoi diriger vers son avantage les intentions de nos actes, si les conséquences de nos actes nous sont en tout personnelles? Si nous devons aimer le prochain, c'est que notre activité bonne ou mauvaise engendre le bien ou le mal du prochain : c'est que le prochain *dépend* de nous, comme nous *dépendons* de lui !

Qu'est-ce que cette dépendance si ce n'est la solidarité même qui unit nos activités combinées? Et quelle est la

(1) Plus de vingt textes de l'Écriture disent et redisent que le bien ou le mal d'une génération rejaillit sur les générations suivantes. Je n'en citerai que deux : « Je venge l'iniquité des pères sur les enfants jusqu'à la troisième et à la quatrième génération » (Exod, XX. 5.) — « La génération des hommes de bien sera bénie. » (Ps. CXI, 2) — Ces idées sont conformes au sentiment populaire que l'antiquité payenne avait exprimé par ces mots : *Delicta majorum immeritus lues.*

(2) Voir aussi : *La philosophie du Credo* ; par le R. P. Gratry, page 135.

mesure de cette solidarité? La mesure même de nos actes, car, remarquez-le, nous devons faire au prochain *le même* bien qu'à nous-même? Il doit y avoir équation entre le prochain et nous quand nous agissons. Cette équation c'est l'ordre même établi par Dieu, le résumé de ses commandements. Cet ordre ne peut être lui-même que le reflet des lois de notre nature. Puisque nous devons établir l'égalité dans le bien entre nous et nos semblables, en nous y refusant nous établissons l'égalité dans le mal; d'où il suit que cette double égalité dans le bien (*ordre*) ou dans le mal (*dés-ordre*) est la mesure même de notre solidarité. Ce qui démontre que nos actes pèsent sur le prochain du même poids qu'ils font peser sur nous-mêmes. En un mot, l'homme, par son activité est social autant qu'individuel.

On peut creuser pendant des années entières cet argument; plus on le méditera, plus apparaîtra notre solidarité totale dans les actes humains.... Donc chacun de nos actes a bien le caractère que nous attribuons au péché originel, celui de retomber par ses conséquences sur nos semblables. Ces deux propositions, dont la première a été émise par Jésus-Christ : — *Aimez le prochain comme vous-mêmes,* — *Les péchés actuels sont des péchés originels,* — expriment au fond, exactement la même pensée (1).

Si le lecteur veut « cogiter », il en demeurera convaincu.

(1) Pourquoi le Psalmiste aurait-il dit (XVIII, 14) : « N'imputez pas à votre serviteur les péchés d'autrui », si les conséquences de ceux-ci ne devaient aucunement retomber sur lui?

D'ailleurs, je prie mes contradicteurs de remarquer que, si le premier péché d'Adam était la seule cause de déchéance de l'humanité et notamment de l'abréviation de la vie, les vies humaines les plus courtes se trouveraient être les plus voisines de la sortie du paradis terrestre. Nécessairement la proximité de la faute devrait être reconnaissable à des conséquences plus accusées. Plus nous approcherions du péché originel et plus *le foyer d'infection* devrait faire sentir ses effets. La mort, suite du péché, y devrait être plus prompte qu'à des époques éloignées de la grande catastrophe morale. Or, l'Écriture et l'histoire à la main, c'est le contraire qui est vrai. Adam, par la faute de qui nous mourons après une vie moyenne de 30 à 35 ans, a vécu, lui, le grand coupable, 930 ans. Les premiers patriarches ont vécu à peu près ce temps-là et quelques-uns davantage. Puis la moyenne de la vie s'est abaissée à environ deux siècles, et enfin ce n'est qu'après deux ou trois mille ans que la moyenne est descendue au chiffre où nous la voyons de nos jours. Est-ce que ces chiffres ne justifient pas mathématiquement ma théorie ?

Passons à une autre critique.

Vous commettez, me dit-on, une hérésie formelle en prétendant (page 193) que la grâce n'est pas un don gratuit.

Le mot gratuit venant de grâce, j'aurais, en effet, mauvaise grâce à nier que la grâce soit une grâce. Si l'on avait bien voulu me lire avec réflexion on ne m'aurait pas attribué une bêtise. Mon contradicteur a été lui-même victime d'un anthropomorphisme. En effet, le mot gratuit exprime couramment un certain caractère de rapports entre un homme et ses semblables. Dès qu'on transporte cette expression dans les rapports de l'homme avec Dieu, il faut définir soigneusement, si l'on ne veut pas s'exposer à des mécomptes; car les rapports du fini avec l'infini ne peuvent pas être caractérisés de la même manière que les rapports du fini avec le fini. Dans le quatrième chapitre du deuxième volume, j'expliquerai que, dans ce que l'homme reçoit de Dieu, tout, absolument tout est gratuit, en ce sens que l'homme ne possède aucun droit antérieur de rien exiger; mais à un autre point de vue, rien n'est gratuit, en ce sens que tous les dons qu'il a reçus de Dieu, l'homme doit les faire fructifier. Cette fructification est la rémunération que Dieu se réserve et, en ce sens, rien n'est gratuit. Si un homme, se fondant sur la gratuité des dons reçus, les laissait tous stériles, il tromperait les calculs de la Providence et s'exposerait à ses plus graves reproches. Dieu ne donne une grâce que pour en obtenir, par la coopération de la volonté humaine, un effet déterminé, à moins qu'elle ne soit la récompense d'un effort de vertu déjà fait. La vie des saints abonde en exemples de grâces de ce dernier genre. C'est là-dessus que je me suis fondé pour dire que « la grâce suppose un mérite né ou à naître ». On ne pourrait me contredire avec succès qu'en soutenant que les grâces, pour ne pas perdre leur gratuité, doivent rester stériles. Le soutiendra-t-on?

Autre accusation. J'aurais professé le principe vital de l'école de Montpellier en attribuant à l'homme trois éléments, un corps et deux âmes, comme Günther, doctrine condamnée par le concile de Vienne et par Pie IX. En lisant cela je me suis tâté pour m'assurer si s'était bien moi qui avais gratifié l'homme de deux âmes. C'est en parlant du principe dynamique du corps (page 193) que j'aurais commis ce méfait. Si mon critique m'avait lu avec quelque attention, il aurait vu que je ne parlais là du principe dynamique que pour le distinguer des molécules qui entrent dans le corps humain, mais qui n'en font pas partie essentielle puisqu'elles ne font qu'y passer. On m'accordera que le corps humain est doué d'unité, même si on le considère dans l'ensemble de la vie d'un individu. Nous n'avons pas, dans notre vie, autant de corps que nous comptons d'années d'existence, et cependant d'une année à l'autre toutes les molécules sont renouvelées. Notre corps n'est plus composé des mêmes éléments et pourtant cesse-t-il d'être le même? S'il conserve une certaine identité, ce n'est point celle des molécules. Cette identité repose donc sur autre chose que les molécules. De leur côté les molécules ne peuvent jamais par elles-mêmes constituer un corps humain. Il y a donc quelque chose qui s'ajoute aux molécules ou plutôt qui se les assimile et se les assujettit pour constituer un corps. Rien n'oblige à supposer que ce quelque chose a une existence séparée de celle de l'âme rationnelle. Mais on peut l'en distinguer comme une propriété particulière de l'âme, une faculté si l'on veut. Tout en professant l'unité de l'âme on constate bien la multiplicité de ses facultés! Pourquoi n'y ajouterait-on pas celle dont je parle?

D'ailleurs, pour bien raisonner sur ce sujet, il faudrait savoir exactement ce que c'est que la matière. Personne encore n'a pu la définir d'une façon satisfaisante. On a dit que c'était une substance douée d'étendue et d'inertie. Or, quand on analyse les éléments premiers de la matière, on arrive à quelque chose de supposé indivisible et que, pour ce motif, on appelle atome. Mais, d'un autre côté, la raison dit que tout ce qui est étendu peut être divisé. Si l'atome est étendu, il n'est plus atome ; s'il n'est pas étendu, comment peut-il produire l'étendue ? En sorte que la définition de la matière se résout en ces termes : une étendue inétendue. Cela est absurde, et cependant on n'a rien trouvé de mieux. Il y a bien une autre hypothèse, celle qui considère la matière comme une pure force. Mais comment une pure force peut-elle être douée d'inertie ? C'est difficile à expliquer. D'ailleurs une pure force peut se replier sur elle-même, comme l'a dit Joubert, et disparaître en un point imperceptible, sans cesser d'exister. Si mon contradicteur est à même d'apporter sur ce point des lumières nouvelles au monde savant, on l'écoutera avec intérêt. Je me borne, en attendant, à lui assurer que je n'ai jamais attribué deux âmes à aucun homme.

Le même critique a été fort troublé par la définition que j'ai donnée de la justice : *l'obligation de rendre à chacun autant qu'on en reçoit :* « Cette définition, dit-il, me mettrait, je vous l'avoue, dans le plus cruel embarras pour accomplir mon devoir à l'égard du prochain. » Les perplexités de cet excellent homme viennent de ce qu'il a confondu l'équivalence des services avec leur similitude. Je n'ai jamais prétendu que lorsqu'on allait au marché aux légumes acheter un chou, il fallait donner

un autre chou à la marchande. La pièce de monnaie ré-
clamée par celle-ci, quoique impropre à faire la soupe,
représente, d'après les coutumes et les conventions sociales, l'équivalent de la valeur du chou. La justice est parfaitement satisfaite par la remise de la pièce de monnaie
en échange du chou. Pourquoi mon honorable Aristarque
serait-il dans le plus cruel embarras pour accomplir son
devoir à l'égard du prochain? Il est professeur de théologie : il rend par là un service des plus précieux à la
société. Il contribue à répandre la lumière, à réformer
les consciences, à rappeler et préciser les devoirs : grâce
à son travail, beaucoup de gens font du bien qu'ils n'auraient pas fait, ou évitent des fautes qu'ils auraient com-
mises. Il accroît d'une manière sensible la vie sociale.
Il contribue au bonheur et à la fécondité morale du
milieu où il vit. C'est beaucoup, et il a droit à une large
rémunération. Quel que soit le mode par lequel la société
la lui donne, j'affirme qu'en justice elle lui est due et
qu'il a accompli son devoir à l'égard du prochain. L'enseignement qu'il donne vaut bien la nourriture qu'il
prend, les vêtements qu'il porte et le logement qu'il
occupe. Il peut donc admettre ma définition et calmer
sa conscience.

Je regrette d'avoir à me plaindre à son égard de la
façon dont il a méconnu ma pensée sur un autre point.
J'avais dit : « A quoi reconnaît-on qu'un acte est bon
ou mauvais? A ses conséquences, parce que les conséquences découlant nécessairement de la nature de l'acte,
sont indépendantes de notre volonté. » Il me répond :
« qu'un acte libre posé entraîne des conséquences, les

siennes, c'est certain : mais ce ne sont pas ses conséquences qui font qu'un acte est mauvais. L'histoire contemporaine nous fournirait au besoin des exemples d'assassinats et crimes politiques dont les conséquences immédiates ont été heureuses pour leurs auteurs. » — Oh! oh! oh!..... Ceci n'est plus de la discussion, c'est de l'escamotage. En parlant des conséquences d'un acte, j'avais entendu *toutes* ses conséquences, *y compris et surtout les plus éloignées :* toute la suite de mon argumentation le dit expressément. Venir prétendre que je n'ai parlé que des conséquences immédiates, c'est une inexactitude des plus regrettables. Je prie mon contradicteur de réfléchir que les conséquences d'un acte ne sont que le même acte considéré à un moment différent de la durée : c'est, si l'on veut, le même acte prolongé dans le temps. Il y a d'une certaine manière, identité entre un acte et ses conséquences, puisque rien ne sort d'un acte qui n'y soit renfermé.

Voilà les critiques les plus saillantes qui m'ont été adressées. Les autres ne valent pas l'honneur d'être mentionnées. Toutes ne m'ont que trop confirmé dans la persuasion où j'étais que notre génération manque surtout de bonnes études philosophiques. Le clergé lui-même n'est pas, loin de là, exempt de ce mal. C'est là une impression que je ne suis pas seul à ressentir.

Un jour, pendant que j'étais secrétaire de Louis Veuillot et que je travaillais avec lui dans son cabinet, un ecclésiastique entra, demandant à parler au rédacteur en chef de l'*Univers*. Il venait lui recommander un ouvrage de philosophie récemment publié et dont il lui lit le plus grand éloge. C'était en 1872. Tous les esprits étaient alors préoccupés des moyens de restaurer la France écrasée par les désastres de l'année terrible. Le vénérable prêtre dit à Louis Veuillot que la philosophie de l'ouvrage qu'il lui apportait était de nature à dissiper les erreurs qui nous avaient perdus et à relever sensiblement le niveau de la moralité publique. Il insista sur ce thème-là, par conviction sans doute, mais aussi pour obtenir de l'éminent journaliste un article bibliographique aussi pompeux que possible. Placé à côté de Louis Veuillot, j'écoutais tout cela sans rien dire, mais pleinement persuadé qu'en effet une bonne philophie, en redressant l'élite des esprits pourrait avoir une influence décisive sur la marche d'une nation. Je suivais encore à cette époque les cours de philosophie de l'abbé Noirot, et par l'action salutaire qu'ils exerçaient sur moi, je jugeais qu'un enseignement de cette nature, généralisé dans toute la France, pourrait relever le pays de ses ruines, en le ramenant à une intelligence plus saine et plus profonde des vérités chrétiennes d'où découle le salut social. Louis Veuillot avait sans doute reçu bien des fois des recommandations analogues, sur des traités de philosophie, et il était d'autant plus sceptique à leur égard qu'il avait remarqué le peu de fruits que les ecclésiastiques eux-mêmes retirent des études philosophiques. Il laissa donc parler cet excellent prêtre tant qu'il voulut, puis il prit la parole à son tour et dit d'une voix douce : « Il est possible, Monsieur l'abbé, que le livre que vous m'apportez soit fait avec talent et dénote un grand mérite de la part de son auteur. Mais je ne pense pas qu'on puisse fonder sur lui les espérances que vous m'exprimez. Lorsque vous prétendez que notre patrie sera régénérée à l'aide d'une certaine philosophie, c'est comme si l'on disait que notre pays va être sauvé parce que nous possédons un homme sachant jouer supérieurement du violon. » L'ecclésiastique atterré se retira avec de profondes mais muettes salutations.

Ce qu'exprimait Louis Veuillot c'était un sentiment assez général et très juste en présence de la philosophie de ce siècle.

Quand on veut être sincère, on est bien obligé d'avouer que la philosophie, même celle des grands séminaires, n'apparaît que comme une vaine chinoiserie, un logogriphe stérile, un baroque assemblage de quadruples abstractions aussi dépourvues d'utilité qu'une longue série de quadruples croches. Aussi, ai-je lu avec plus de douleur que d'étonnement, dans la *Vérité* du 7 septembre 1894, le résumé d'une discussion qui a eu lieu au Congrès scientifique catholique de Bruxelles sur les preuves de l'existence de Dieu. Les contradictions que les preuves métaphysiques de cette vérité primordiale ont rencontrées parmi même les théologiens du congrès, dénotent un déplorable abaissement des études philosophiques dans le clergé (1).

(1) Il paraît que l'on a contesté notamment la preuve de l'existence de Dieu qui consiste dans la nécessité d'un premier moteur. Sur ce point le doute va très loin et témoigne d'une grande ignorance en philosophie et même en théologie. Cet argument repoussé, il ne reste plus aucune base à la théorie de la grâce. Que ce soit dans l'ordre matériel ou dans l'ordre spirituel, le procédé divin est le même : Dieu est l'origine du

C'est ce qu'a très bien vu aussi un grand philosophe méconnu de ce temps, méconnu parce que sa philosophie était chrétienne, Blanc de Saint-Bonnet, dont je veux, avant de finir, citer encore quelques lignes : « Je « passe aux conclusions de cette étude; elles ont trait « à la nécessité d'abord de développer en nous la raison « affaiblie par nos habitudes scientifiques; ensuite de « rappeler les rapports qu'elle conserve avec la grâce, « puisque, avec des buts différents, elles descendent « l'une et l'autre de Dieu. On ne peut s'adresser ici « qu'au petit nombre de ceux qui réfléchissent, de ceux « qui ont la force de résister aux idées du vulgaire dans « une époque où le vulgaire fixe et dirige les esprits.... « La foi nous apporte un ensemble d'idées trop supé- « rieures aujourd'hui à l'état actuel des esprits. Il faut « que la pensée se relève pour en être éclairée. Il faut « aussi qu'elle ouvre l'œil au jour; on ne voit que par la « lumière. Et si peu à peu la métaphysique ne rétablit « dans les esprits la clarté rationnelle, tout ce qu'on « aura acquis en faveur de la démonstration évangélique, « de l'histoire de l'Église, ou des vérités sociales, demeu- « rera comme invisible. Quand le jour est absent, on « ne voit rien dans la nature. La raison est notre lu- « mière, et l'homme privé de ses clartés se trouve au

mouvement. La liberté est un principe de mouvement; en Dieu ce prin- cipe est absolu; dans l'homme il existe aussi, mais simplement relatif et modificateur. Nier le premier moteur c'est tomber, au choix, dans l'athéisme ou le panthéisme; dans tous les cas, c'est anéantir le fonde- ment de la grâce et détruire, par voie de conséquence, toute l'économie de la Rédemption. A Bruxelles, c'est un laïque, M. le professeur Duhem, qui a dû prendre la défense de Dieu et de la métaphysique.

« sein du christianisme comme un hibou au sein du
« jour..... C'est la raison qui nous fait saisir et les réa-
« lités naturelles, autrement dit les lois, et les réalités
« surnaturelles qui sont aussi des lois, puisque nous
« rendant compte des fins merveilleuses de Dieu, elles
« apportent au monde moral sa conception explicative.
« Les premières forment l'objet de la science, les se-
« condes l'objet de la foi, et l'une et l'autre disparaissent
« pour nous lorsque la raison se retire. L'idée du bien
« qu'elle met dans notre âme nous convie à la foi qui
« révèlera la source de tous les biens. Le triomphe de
« la raison serait celui du christianisme chez les hom-
« mes (1). »

Puissé-je par ces explications avoir réussi à dissiper
chez quelques lecteurs les malentendus que la lecture de
mon premier volume a fait naître! Je ne me flatte pas
d'avoir réussi à satisfaire tout le monde. Je sais que c'est
une utopie. Mais s'il en est qui sincèrement trouvent encore à m'opposer des objections qui leur paraissent inso-
lubles, je les prie d'attendre la publication des tomes
deuxième et troisième qui, si je ne m'abuse, complète-
ront la lumière sur bien des points.

(1) Blanc de Saint-Bonnet, *La raison, précédé de l'Infini et l'infinitésimal;* quatrième partie, le développement de la raison. — Je crois savoir
que cet ouvrage est épuisé. Il serait fort à désirer que le public catholique appelât de ses vœux les plus ardents la prochaine réimpression de
ce chef-d'œuvre philosophique.

# RECTIFICATIONS

## I

Dans les chapitres VII et VIII, lorsqu'il est question de l'immortalité d'Adam, ajouter l'épithète d'*inconditionnelle* toutes les fois que le sens est défavorable à l'admission de l'immortalité.

## II

Quand je combats, dans les dernières lignes de la page 121 et dans les premières de la page 122, l'enseignement du catéchisme, je n'entends aucunement le taxer d'erreur en lui-même. Je dis seulement que la simplicité d'esprit des enfants de dix ans, ne pouvant recevoir dans toute son intégrité un enseignement qui soulève les plus difficiles problèmes de la philosophie et de la métaphysique, oblige le catéchiste à l'emploi de formules imagées qui ont l'avantage d'être saisies par l'intelligence des enfants, mais dont l'insuffisance demanderait à être complétée plus tard, lorsque les facultés se sont développées et sont devenues capables d'abstraire et de distinguer. Comme ce complément d'instruction, en fait, ne se donne jamais, le public reste dans le vague ou tombe dans l'erreur.

## III

Page 208, ligne 18, après ces mots : « on ne doit établir entre la conscience et la grâce d'autre distinction que celle que l'on fait entre les plus bas échelons et les plus élevés d'une même échelle », ajouter : *mais cette échelle est l'échelle de Jacob dont les pieds touchent la terre et dont le sommet s'appuie sur les hauteurs des cieux.*

TYPOGRAPHIE FIRMIN-DIDOT ET Cⁱᵉ. — MESNIL (EURE).